Inhaltsverzeichnis

Einleitung   3

Motivation und Sinn   5

Erfolg   15

Erfolgs-ABC   21

Selbst-ständig sein   25

Sei Verkäufer und nicht nur Berater   27

Einarbeitung – Coaching   29

Start und Beginn   31

die Extra-Meile   35

Nachwort   37

Herstellung und Verlag:
Books on Demand GmbH, Norderstedt
ISBN 978-3-8423-5346-6

Die Vorstellung
ist der Anfang aller Schöpfung.
Du stellst dir vor,
was du dir wünschest,
du wünschest dir,
was du dir vorstellst,
und schließlich schaffst du,
was du dir wünschest.

Georg B. Shaw

Einleitung

Es erfüllt mich mit großer Freude, dass mein Sohn Nick vor wenigen Wochen im Finanzvertrieb begonnen hat. Nach seiner Lehre als Einzelhandelskaufmann hat er nun in einer befreundeten Nachbaragentur, seine Tätigkeit als Versicherungs- und Finanzfachmann im Aussendienst begonnen.

Als junger Mann mit 21 Jahren hat er nun eine erfolgreiche, berufliche Zukunft vor sich und hierzu wünsche ich ihm natürlich viel Erfolg und alles Glück dieser Welt.

Da der Prophet im eigenen Lande nichts gilt, haben wir uns ganz bewusst dafür entschieden, dass er seine Ausbildung nicht in meiner Agentur, sondern in einer befreundeten Nachbaragentur durchführt. Er wird dadurch auch nicht mit der sehr wahrscheinlich vorhandenen Betriebsblind- und Gewohnheit seines Vaters belastet. Darüber hinaus kann er völlig unvoreingenommen und unbelastet in seinem neuen Beruf durchstarten.

Ich möchte mich bei dieser Gelegenheit bei meinem Kollegen, Herrn Jochen Wiesmann, LVM-Versicherungsbüro aus WT-Tiengen recht herzlich bedanken, dass er meinem Sohn Nick die Chance gibt, unseren Beruf in seiner Versicherungsagentur zu erlernen. Da mein Sohn nach seiner Ausbildung als mein Nachfolger in meine Agentur kommen wird und wir in unmittelbarer Nachbarschaft unserer Doppelstadt Waldshut-Tiengen unsere Geschäfte tätigen, ist es wirklich nicht selbstverständlich, dass Herr Wiesmann – aufgrund der Konkurrenzsituation – meinem Sohn diese Chance gibt. Deshalb, nochmals herzlichen Dank, Jochen! Ich weiß, mein Sohn ist bei dir in besten Händen.

Ungeachtet dessen, möchte ich meinen Sohn von Anfang an auch an meinen Erfahrungen teilhaben lassen. Ich habe in den letzten 30 Jahren im Finanzvertrieb unzählige Verkaufs- und Motivationsbücher gelesen, dutzende Seminare besucht und zigtausende Kundengespräche geführt.

Ich weiß also, was es heißt, im Finanzvertrieb erfolgreich zu sein. Deshalb soll dich dieses Buch als Kompass beim Start in den Finanzvertrieb begleiten. Du wirst bei Jochen Wiesmann alles lernen, was du für eine erfolgreiche Tätigkeit im Finanz- und Versicherungsaussendienst benötigst. Aufgrund des alltäglichen – nicht immer stressfreien Geschäftes – soll dich dieses Buch dazu inspirieren, dir immer wieder einige Denk- und Ruhepausen zu gönnen, um für deinen beruflichen Erfolg auch mental fit zu werden.

In diesem Sinne wünsche ich dir die Zeit und die Muse, dieses Buch immer wieder einmal zur Hand zu nehmen, um in Ruhe über dein Leben und deinen Beruf nachzudenken.

Du weißt selbst, wie schnell das Leben zu Ende sein kann und deine verstorbene Mutter sagte immer: *„ich lebe jetzt und nicht morgen.“* Deshalb sage ich dir: lebe jetzt! Lebe jetzt und nicht morgen!

Motivation und Sinn

Jede Aufgabe hat einen Sinn. Es geht deshalb darum, den Sinn deiner Arbeit zu erkennen und diese lieben zu lernen. Du brauchst also ein Motiv, eine Bindung und eine Identifikation zu deinem Tun. Ohne Bindung – ohne Motivation – hast du weder Freude noch Lust, irgendetwas zu tun.

Ohne Motiv und Motivation verharrst du in deinem bisherigen Status und kommst nicht über deine Grenzen hinaus. Vor jedem Tun steht also immer zuerst ein Motiv. Warum soll ich etwas tun? Warum soll ich mich bewegen? Der Mensch ist von Natur aus träge und muss zuerst diese Trägheit überwinden, um ins Handeln zu kommen. Wer nicht weiß, warum und wofür er etwas tut, der kann seine Trägheit nicht überwinden. Du benötigst also ein Motiv, einen Sinn und eine Identifikation mit deinem Tun.

Abraham Maslow hat dies erkannt und dies in seiner Bedürfnispyramide dargestellt:

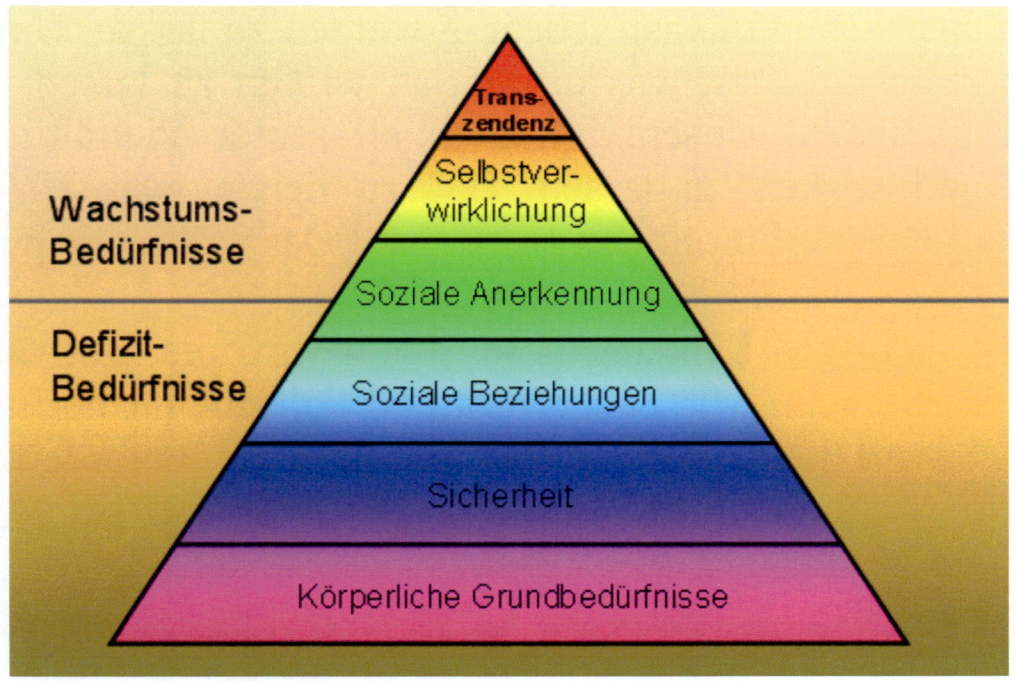

Wenn wir wissen, warum und wofür wir etwas tun, beginnen wir zu handeln. Unsere Bedürfnisse auf der materiellen Ebene sind so elementar, dass wir nicht umhin kommen, zu handeln. Wir gehen tagtäglich zur Arbeit, um unsere Bedürfnisse auf den untersten Ebenen zu befriedigen. Du möchtest Geld verdienen, um dir ein schönes Auto, gute Kleidung und deine Hobbys leisten zu können.

Bei der *Beobachtung* von Tieren kannst du sehr schön erkennen, um welche lebenserhaltenden Bedürfnisse es sich hierbei handelt. Es sind angeborene Verhaltensmuster wie Nahrungssuche, Feindvermeidung, Nestbau und Fortpflanzung, welche das Überleben sichern. Doch sobald diese überwiegend, materiellen Bedürfnisse (Mangel) befriedigt sind, sehnen wir uns nach den immateriellen Bedürfnissen der oberen Ebenen.

Unsere Emotionen (Gefühle) steuern unsere Motivation und entsprechend der Maslowschen Bedürfnispyramide wachsen wir über die materielle Ebene hinaus bis zur Selbstverwirklichung und der Vereinigung auf energetischer Ebene unseres Bewusstseins.

Dies ist der grundsätzliche Sinn und innere Antrieb unseres Lebens: das, was in uns ist, lebendig werden zu lassen. Uns selbst zu verwirklichen. Das, was in uns ist, wirken zu lassen. Unsere Gefühle zu leben. Unsere Sinne in all seiner Vielfältigkeit zu erleben und wirken zu lassen. Das zu lieben, was *HIER und JETZT* ist! Unsere Emotionen zu erleben! Das ist Freude pur.

In unserer heutigen Leistungsgesellschaft wird die Motivation zu häufig missbraucht. Mit Zuckerbrot und Peitsche (Überfluss und Mangel) wird Leistung bei den Menschen eingefordert. Diese Motivation richtet sich immer auf ein Ereignis, auf eine Aufgabe die zu erledigen ist.

Es wird mit Strafe gedroht, falls die Umsatzziele nicht erreicht werden oder es wird mit einer Belohnung gewunken, damit die Umsätze stimmen. Solcherlei Motivation und Machtausübung unterstellt immer, dass du ansonsten deine Aufgabe nicht gut genug oder nicht richtig ausführst. Im Vertrieb werden Bonifikationen und Reisen ausgeschrieben, um die Produkte zu verkaufen, die das Unternehmen möchte oder um den Umsatz generell zu erhöhen. Diese Art Motivation ist oft destruktiv und wirkt meist nur kurzfristig und nimmt genauso schnell wieder ab.

Ein Mensch, der den Sinn des Lebens und seiner Arbeit begriffen hat, muss nicht motiviert werden. Er *ist* motiviert. Martina Bermasconi, eine schweizer Philosophin sagte einmal: *„ der Sinn des Lebens ist es, sinnlos glücklich zu sein!"* Was für eine wunderbare Aussage. Das Wort „*Sinn*" sagt doch alles aus: *HIER und JETZT* mit all seinen *Sinnen* zu leben. Dies hat mit Aufmerksamkeit, Achtung und Liebe zu tun. Dein Erfolg beginnt immer *HIER und JETZT!* In dem du augenblicklich *aufmerksam* deine Kunden und Gesprächspartner *beachtest*. In dem du siehst, hörst, riechst, schmeckst, spürst und fühlst. So erkennst du am schnellsten, was dein Gesprächspartner und künftiger Kunde wirklich möchte.

Deine wichtigsten Fähigkeiten sind dir angeboren. Außer deinen fünf Sinnen gehören hierzu auch die Fähigkeiten, zu leben (essen, trinken, atmen, verdauen usw) zu denken und zu empfinden. Alle anderen Fähigkeiten hast du dir durch ständige Wiederholung angeeignet. Auf zwei Beinen zu gehen wurde dir ebenso antrainiert, wie das Sprechen, das Lesen, das Radfahren, das Schwimmen, das Autofahren, das Fußballspielen oder das Rechnen. Heute denkst du über diese Fähigkeiten gar nicht mehr nach. Sie sind dir so in Fleisch und Blut übergegangen, dass du alle diese Fähigkeiten automatisch einsetzt.

Dein Unterbewusstsein handelt, bevor dein Verstand den Sachverhalt überhaupt begriffen hat. Denke nur einmal an deine erste Fahrstunde zurück. Was stürmte da alles gleichzeitig auf dich ein. Kupplung drücken, Gang einlegen, Bremse lösen, Kupplung langsam loslassen, gleichzeitig langsam Gas geben, in den Rückspiegel schauen, Blinker setzen usw. usw. Doch schon nach den ersten Wiederholungen erkanntest du, wie jeder Handgriff und jeder Handlungsablauf besser und besser wurde. Heute fährst du besser als je zuvor. Alle Handlungsabläufe führst du mit schlafwandlerischer Sicherheit automatisch aus. Ohne bewusst darüber nachdenken zu müssen. Du hast alle Handlungen so oft ausgeführt, bis sie vollständig in deinem Unterbewusstsein verankert waren. Training ist also die ständige Wiederholung des gleichen Gedankens oder des gleichen Handlungsablaufes, um eine vorhandene Fähigkeit zu verbessern oder um sich eine neue Fähigkeit anzueignen. Übung macht den Meister!

Deshalb gilt: *Kundenbesuche, Kundenbesuche, Kundenbesuche!*

Leider habe auch ich mir im Laufe meines Lebens sehr viele negative Eigenschaften antrainiert. Diese negativen Eigenschaften und Denkgewohnheiten bremsen und grenzen ein. Wir sind zu viel mehr fähig, als zu dem was wir sind. 90 % unseres Gehirns wird überhaupt nicht genutzt. Kannst du dir überhaupt vorstellen, welche Potentiale noch in dir stecken. Was glaubst du, könntest du alles erreichen, wenn du deine in dir schlummernden Potentiale tatsächlich ausschöpfen könntest?

Deshalb gilt: *Lernen! Lernen! Lernen! Üben! Üben! Üben!*

So lernst und trainierst du richtig!

NEUE EINSTELLUNG
Motivation zur Wiederholung

FREUDE
Lebenslust und Lebensfreude

ERFOLG
folgt unserem Bewusstsein

KÖNNEN
Fähigkeiten einsetzen und nutzen

UMSETZUNG
Training - Tun

WISSEN
Gesetze, Verhaltensweisen lernen
Kompetenz aneignen

EINSTELLUNG
Sinn! warum?

Vor jedem Tun steht also das Motiv und der Sinn deines Tuns. Das notwendige Wissen wird dir gerade auf den verschiedensten Fachseminaren vermittelt und je besser und öfter du lernst, desto besser werden die daraus entstehenden Taten. Übe, übe, übe! Im Verkaufstraining und im Rollenspiel und dann setze dein Wissen und dein ganzes Können in den Kundengesprächen ein. So stellt sich dein beruflicher Erfolg automatisch ein und du erkennst den Sinn deines Tuns.

Versicherungskaufmann im Außendienst - Ein attraktives Berufsbild mit Zukunft:

Oberkommissar Norbert Huber, seit 16 Jahren erfolgreicher ÖVA-Außendienst-mitarbeiter, hat seine Gedanken über das Berufsbild des Versicherungskaufman-nes im Außendienst zu Papier gebracht, die wir Ihnen gerne in dem folgenden Artikel vorstellen möchten.

Ich glaube, es ist wichtig, sich einmal Gedanken über unseren Beruf zu machen. Einerseits für uns selbst, denn es gibt eigentlich nur positive Aspekte, und darüber können wir uns freuen, auf der anderen Seite aber auch für andere, weil unser Berufsbild leider manchmal negativ beurteilt wird. Es ist doch seltsam, daß in der Bevölkerung ein Versicherungsvertreter häufig schlechter angesehen ist als ein Verkäufer. Man findet sogar Stellengesuche wie *"Ich suche Arbeit jeder Art - ausgenommen Versicherungen"*. Was muß das für ein Beruf sein, der solche Anzeigen bewirkt? Vielleicht liegt es gar nicht am Job, sondern an einigen schwarzen Schafen, die mit unsauberen Methoden arbeiten, vor denen wir uns hüten sollten.

Ich jedenfalls bin stolz darauf, Versicherungskaufmann im Außendienst zu sein. Seit 16 Jahren bin ich in diesem Metier und ich finde es immer noch attraktiv. Ich würde auch heute keine andere Wahl treffen.

Was aber macht diesen Beruf attraktiv?
Der erste Gedanke gilt sicherlich dem Verdienst. Die Kasse muss stimmen. Die Verdienstmöglichkeiten in unserem Beruf sind ausgezeichnet und wir alleine bestimmen darüber, wieviel wir verdienen.

Nun macht Geld alleine aber nicht glücklich. Es muss folglich noch andere Aspekte geben. Unser Beruf bietet Entfaltungsmöglichkeiten, er erfordert persönliche Initiative, eigene Ideen und Flexibilität. Die individuellen Gestaltungsmöglichkeiten bei der Organisation unserer Arbeit sind meines Erachtens gar nicht so selbstverständlich.

Wir leben in einer Welt, in der viele Dinge genormt und schematisiert sind. In vielen Berufen sind die Arbeitsabläufe bis ins Detail vorgeschrieben. Die Arbeit im Außendienst dagegen ist abwechslungsreich und vielseitig. Wir arbeiten für - und mit Menschen. Wir verkaufen den Menschen *Sicherheit.*

Es lohnt sich wirklich, diesen Begriff "Sicherheit" einmal näher zu betrachten. Es ist nichts Unnützes oder Überflüssiges, das wir verkaufen, sondern etwas sehr Positives: Sicherheit! Viele Berufstätige müssen

nur des Geldes wegen Dinge verkaufen oder produzieren, von denen sie nicht überzeugt sind oder die sie sogar ablehnen. Der Versicherungsvertreter aber verkauft mit der Sicherheit eine Ware, von der er selbst überzeugt ist. Es ist unsere Aufgabe, die Menschen über die Risiken des täglichen Lebens zu informieren und ihnen Möglichkeiten anzubieten, sich bedarfsgerecht gegen diese Risiken abzusichern. Der Versicherungskaufmann im Außendienst trägt daher eine große Verantwortung. Er arbeitet mit einer unsichtbaren Ware. Den Wert dieser Ware kann man erst im Schadensfall prüfen. Dann muss alles stimmen. Bei den Verträgen geht es oft um große Summen. Es darf nicht passieren, dass später der erwartete Nutzen, die gekaufte Sicherheit, nicht richtig errechnet ist und deshalb zu niedrig oder gar überhaupt nicht zur Verfügung steht.

Ohne ein effektives Versicherungswesen könnte unsere Wirtschaft nicht arbeiten. Es fängt schon bei kleinen Dingen an. Kaum ein Haus könnte gebaut werden, wenn nicht Bauherren die Finanzierung übernähmen. Aber keine Bank würde Geld verleihen, wenn das zu finanzierende Objekt nicht versichert wäre.

Die Mittler zwischen denjenigen, die eine Sache absichern wollen und den Versiche-

rungsunternehmen, die eine Sicherheitsgarantie geben, ist der Versicherungskaufmann im Außendienst. Er ist es meistens, der den richtigen Versicherungsschutz und -umfang empfiehlt. Ohne die vielen Beratungen, die wir Tag für Tag durchführen, bliebe manche Familie ohne den dringend notwendigen Rat und ohne die erforderliche Abschlusshilfe. Das Versicherungsgeschäft steht und fällt mit dem Versicherungskaufmann im Außendienst. Er verkauft, bietet Hilfe und Service. Der Außendienstmitarbeiter verrichtet eine sehr wichtige und verantwortungsvolle Aufgabe innerhalb unserer Wirtschaftsordnung. Darauf können wir stolz sein.

Ich behaupte, daß der Versicherungskaufmann im Aussendienst ein attraktiver Beruf mit glänzenden Zukunftsaussichten. Er ist aber auch eine Aufgabe, die überdurchschnittliche Anforderungen stellt. Stellen wir uns diesen Herausforderungen und leisten wir einen Beitrag dafür, dass unser Beruf einen gebührenden Platz in der Gesellschaft erhält.

Ihr
Norbert Huber

Bereits 1999 habe ich den vorstehenden Artikel bei meiner damaligen Gesellschaft in der Hauszeitschrift ÖVA-Kurier veröffentlicht. Dieser soll dir den Sinn unseres Berufes verdeutlichen.

Albert Schweizer sagte: „*Vertrauen ist für alle Unternehmungen das große Betriebskapital, ohne welches kein nützliches Werk auskommen kann. Es schafft auf allen Gebieten die Bedingungen gedeihlichen Geschehens.*"

Dr. Oskar Pack, Bestseller-Autor und Vertriebstrainer schrieb: Vertrauen ist der Anfang von allem! Vertrauen ist die Basis jeder Geschäftsbeziehung! Vertrauen ist der Eckpfeiler deiner Erfolge! Wenn du das Vertrauen deiner Kunden besitzt, kannst du dich glücklich und zufrieden schätzen. Denn ihr Vertrauen ist dein Kapital. Vertrauen ist wirklich die Basis für alles.

Um Vertrauen zu deinen Kunden aufbauen zu können, musst du dir zunächst einmal klar darüber sein, ob das Unternehmen, für welches du arbeitest, der richtige Partner für dich ist. Ist es ein Unternehmen, welches die Aussagen in ihren Hochglanzprospekten ernst meint oder nicht. Geht es um die Erfüllung der Kundenbedürfnisse oder nur um den Profit und die nächsten Quartalsergebnisse? Sind die Produkte qualitativ gut und erfüllen sie die Kundenwünsche? Nur wenn du zu 100 % von deinem Produkt überzeugt bist, kannst du auch andere Menschen davon überzeugen. Vertraust du deinem Unternehmen und deinen Produkten?

Unsere LVM hat bei dir natürlich einen Vertrauensvorschuss, weil ich vollständig und 1.000 %-ig vom LVM überzeugt bin. Du wirst in den nächsten Wochen und Monaten den LVM näher kennenlernen und ich wünsche dir, dass auch du schon bald voller Überzeugung sagen kannst:

Ich glaube an mich,
an mein Produkt
und an mein Unternehmen!

In dir muss brennen, was du in anderen entzünden willst! Ich hoffe, dass sich in dir eine ebenso große Begeisterung für dein Unternehmen und dein Produkt entwickelt, wie ich es habe. Denn diese Begeisterung überträgt sich auf deine Kunden und so entwickelt sich das Vertrauen, welches für eine langfristige Geschäftsbeziehung unerlässlich ist.

Und dennoch gibt es immer wieder einmal Probleme, denn in jedem Unternehmen werden Fehler gemacht. Dies gefährdet jede Kundenbeziehung und es liegt dann an dir, für den Kunden da zu sein und ihm zu helfen, seine Probleme mit uns zu lösen. So schaffst du dir und unserem Unternehmen die Basis für weitere Geschäfte. Bitte deine Kunden um ihr Vertrauen und wenn sie es dir schenken, so tue alles dafür, dieses Vertrauen zu rechtfertigen. Hierzu gehört: *Wahrheit und Klarheit* in deinen Aussagen. Versprich nichts, was du nicht halten kannst. Stehe zu deinem Wort, egal, was da komme.

Die Gefängnisse sind voll von Menschen, die unehrlich waren und dadurch ihre Integrität verloren haben. Das Vertrauen ist weg und dies erschwert ein erfolgreiches Leben in der Gesellschaft. Misstrauen herrscht. Ein gedeihliches Miteinander ist nur schwer möglich. Wer nicht ethisch lebt ist schwach und wer seine Ehrlichkeit, seine Integrität und seine Selbstachtung verliert, ist am schwächsten. Er lebt in einem Teufelskreislauf aus sich kettenreaktionsartig auftürmenden Lügen, die jeden Menschen erdrücken.

Vertrauen, Ehrlichkeit, Integrität und Selbstachtung ist wertvoller als alle Diamanten und alles Gold dieser Welt. Ehrlichkeit ist das Fundament für Reichtum und gute Geschäfte! Integrität, Vertrauen und Selbstachtung sind die Grundlagen für wundervolle Beziehungen.

Vor allem für die beste und mächtigste Beziehung die du eingehen kannst. Die Beziehung zu dir selbst. Wer sein Spiegelbild voller Hochachtung und ohne schlechtes Gewissen begrüßen kann, der ist unbeschreiblich mächtig. Er ist unangreifbar, weil stets integer.

Sei ehrlich, vertrauenswürdig und integer. Ohne Kompromisse! Vollständig ehrlich! Du bist so unglaublich *mächtig*. Einfach nur, in dem du ehrlich und ethisch handelst. Wenn du eine Frage nicht beantworten kannst, dann sage dies offen und ehrlich. Kläre diese Frage ab und beantworte sie deinem Kunden so schnell wie möglich. Deine Kunden werden es dir danken.

Sei aber auch ehrlich zu dir selbst. Du weißt doch: *ehrlich währt am längsten!* Ehrlich und integer bist du, wenn du in schwierigen Situationen und bei Problemen ehrlich handelst. Gehst du den Problemen aus dem Weg oder siehst du jedes Problem als Chance, um zu wachsen? Sei ehrlich zu dir selbst! *Beachte* und *beobachte* dich selbst!

Hast du Hochachtung vor deinen Fähigkeiten? Wie sehr schätzt du dein Leben, dein Denken und Fühlen? Oder lebst du einfach so dahin, ohne dir überhaupt bewusst zu sein, welches wunderbare, herrliche Leben du führst? Sei ehrlich zu dir selbst! *Beachte* und *beobachte* dich selbst!

Bist du dir darüber im Klaren, dass du zu den Privilegierten auf unserem Planeten gehörst, weil deine Grundbedürfnisse in unserer Gesellschaft befriedigt sind? Oder lebst du im Mangel? Sei ehrlich zu dir selbst! *Beachte* und *beobachte* dich selbst!

Lebe im Überfluss und gib immer mehr, als dein Kunde erwartet!

Notizen

_____

_____

_____

_____

_____

_____

_____

_____

_____

_____

_____

_____

_____

_____

Wer schreibt, der bleibt!

Erfolg

So individuell unsere Gedanken, Empfindungen und Handlungen sind, so individuell ist auch unser Bewusstsein über das, was wir als Erfolg bezeichnen.

Viele Motivationstrainer verbinden diesen Begriff des Erfolgs mit dem Erreichen von Zielen. Erfolg bedeutet demnach, das zu erreichen, was wir wollen. In diesem Sinn kann Erfolg bedeuten: Kinder zu erziehen, eine Familie zu ernähren, durch die Welt zu reisen, zu faulenzen, ein Haus zu bauen, einen Baum zu pflanzen, nach dem Sinn des Lebens zu suchen, Sport zu treiben, zu musizieren, Freundschaften zu pflegen, Ruhm, Anerkennung und Reichtum zu erlangen.

Wenn wir Erfolg über das Erreichen von Zielen definieren, so sind auch Mörder und Kriminelle erfolgreich. Denn ein gelungener Bankraub, welcher dem Ziel diente, 1 Mio. € zu erbeuten, könnte als erfolgreich bezeichnet werden, wenn tatsächlich 1 Mio. € geraubt wurden. Selbst dann, wenn hierbei Menschen verletzt oder sogar getötet wurden. Hitler müsste als einer der erfolgreichsten Menschen der Geschichte bezeichnet werden, weil er mit dem Holocaust seine Ziele erreichte. Viel besser gefällt mit, wie Bessie A. Stanley Erfolg definierte: *„Es hat derjenige Erfolg, der gut gelebt, oft gelacht und viel geliebt hat. Der sich den Respekt von intelligenten Männern verdiente und die Liebe von kleinen Kindern; der eine Lücke gefunden hat, und der seine Aufgabe erfüllte; ob entweder durch schöne Blumen, die er züchtete, ein vollendetes Gedicht oder eine gerettete Seele; dem es nie an Dankbarkeit fehlte und der die Schönheit unserer Erde zu schätzen wusste, und der nie versäumte, dies auszudrücken; der immer das Beste in anderen sah und stets sein Bestes gab; dessen Leben eine Inspiration war und die Erinnerung an ihn ein Segen.“*

Erfolg bedeutet, die vielen kleinen und großen Heraus-forderungen des Lebens zu meistern. Jeder Mensch hat Krankheiten, Schicksalsschläge oder sonstige Begebenheiten zu ertragen. Gerade dann, seinen Mann zu stehen und sein Schicksal zu meistern, zeichnet erfolgreiche Menschen aus.

So hast auch du schon einen schweren Schicksalsschlag in deinem Leben meistern müssen. Als deine Mutter starb, warst du erst 13 Jahre alt und trotz aller Schwierigkeiten, sind dein Bruder und du heute wunderbare und erfolgreiche, junge Männer.

Erfolg ist das, was automatisch deinem Bewusstsein entsprechend erfolgt. Egal, was auch immer in deinem Bewusstsein vorherrscht, dieses Bewusstsein spiegelt sich in deinem realen Leben.

Du kannst also immer nur *erfolgreich* sein,
denn dein reales Leben *folgt* immer deinem Bewusstsein.

Auch nichterwünschte, ungewollte Ereignisse sind eine Folge dessen, was in deinem Bewusstsein vorherrscht. Wir bezeichnen diese ungewollten Ereignisse und Ergebnisse fälschlicherweise als Misserfolg. Doch in Tat und Wahrheit sind auch diese Ereignisse ein Erfolg, denn sie spiegeln nur das, was in unserem Bewusstsein vorherrscht.

ERFOLG IST DIE EINFACHSTE SACHE DER WELT.
WIR SIND IMMER ERFOLGREICH!
SOGAR OHNE ANSTRENGUNG, OHNE EINSATZ.

ERFOLGREICH LEIDER AUCH IM LEID,
KUMMER UND SCHMERZ!

Werde deshalb *selbstbewusst*! Werde dir bewusst, dass sich all deine vorherrschenden Gedanken und Empfindungen in deinem realen Leben verwirklichen. Werde dir bewusst, dass du durch die schöpferische Kraft Gottes die *größte Macht* dieser Welt zur Verfügung hast. Öffne dich dieser göttlichen Kraft und vertraue seinem Gesetz. Mit diesem Selbstvertrauen und diesem Selbstbewusstsein ausgestattet, meisterst du alle Lebenslagen, so wie du es bislang schon getan hast.

Lenke also deine gesamte *Aufmerksamkeit* auf deine Fähigkeiten und Stärken. Kümmere dich nicht um irgendwelche Schwächen. Und vor allen Dingen: *gib nie auf!* So ersparst du dir ein Leben in Leid, Kummer und Mangel.

Die tragischte Eigenschaft eines Menschen ist das

KAPITULIEREN.

Deine Fähigkeiten und Talente sind dein größtes *Kapital*. Jedem von uns stellen sich Hindernisse in den Weg, die wir auf unserem Lebensweg zu überwinden haben. Diese Herausforderungen unseres Lebens sind notwendig, um zu lernen, damit wir uns vollständig entfalten können. Wenn wir jedoch vor einem Hindernis *kapitulieren*, so verschenken wir dieses, unser wichtigstes *Kapital*. Wir glauben nicht an unsere Fähigkeiten, nicht an Gott und seine in uns wohnende *KRAFT*.

Wir geben uns und unsere *Selbstachtung* auf. Wir missachten unsere Fähigkeiten, die Schöpfung und unsere schöpferische Kraft. Gemäß Gottes Gesetz erzielen wir die Wirkung, die wir durch unsere Missachtung unserer Kraft verursacht haben. Leid, Kummer und Mangel sind die logische *Folge*.

Das größte *Geheimnis* aller bedeutenden Persönlichkeiten ist:

GIB NIE AUF!
GIB DICH NIE AUF!

Heute kannst du Handeln und lernen. Erweitere dein Bewusstsein und eigne dir neue Erkenntnisse und Fähigkeiten an. *Gib dich nicht auf*, sondern arbeite weiter an dir und deinen Fähigkeiten. Erkenne, dass alles, was in deinem Leben geschieht ein Erfolg ist. Fehler sind lediglich dazu da, deine Erkenntnisse zu vertiefen.

Albert Einstein sagte nach tausenden misslungenen Laborversuchen: *„Jeder Versuch war ein Erfolg, denn nach jedem misslungenen Versuch wusste ich, wie es nicht geht. "* Werde dir bewusst, welches wunderbare Kapital in dir steckt! Dein größtes Kapital ist die schöpferische Kraft deines Denkens. Wirf dieses Kapital nicht einfach hin, in dem du kapitulierst. Dies ist deiner nicht würdig.

Gib nie, nie, nie auf!
Bleib einfach dran!
HIER und JETZT!

Gib nie, nie, nie auf!
Bleib einfach dran!
HIER und JETZT!

Lenke deine *Aufmerksamkeit* und deine ganze Kraft auf deine Fähigkeiten und Stärken. Löse dich von deinen Schwächen und konzentriere deine ganze Kraft auf deine Stärken. Schalte deine Denkzentrale ein und denke in aller Ruhe über diese Wahrheit nach. Und dann *handle* gemäß deiner *Überzeugung*. Und zwar bewusst!

Konzentriere dich auf das Wesentliche und das Wesentliche ist dein täglicher Umgang mit deinen Kunden. Liebe deine Kunden und lass sie dies fühlen. Jeder der mit dir zusammen ist, soll danach etwas mehr Freude im Herzen haben. Sei freundlich und nett. Ein Lächeln kostet dich nichts und bringt dennoch so viel Wärme in das Herz deiner Kunden.

Du kannst alles im Leben erreichen, wenn du anderen Menschen hilfst, das zu erreichen, was sie wollen. Dieser wunderbare Verkäuferleitsatz wurde von Zig Ziglar, einem der erfolgreichsten, amerikanischen Immobilienverkäufern, in seinem Buch niedergeschrieben. Dieser Satz beinhaltet alles, was notwendig ist, um im Verkauf erfolgreich zu sein. Verkauf ist eine Form der Nächstenliebe und wenn du alle deine Kunden so behandelst, wie du gerne behandelt werden möchtest, so befolgst du einen Grundgedanken von Jesus: *„Liebe deinen Nächsten wie dich selbst.“*

Im Vertrieb musst du Kunden lieben. Du darfst sie nicht als Mittel zum Zweck missbrauchen. Nur wenn du den Umgang mit Menschen und damit den Vertrieb liebst, kannst du ungezwungen auf Menschen zugehen und sie ansprechen. Du musst deine Kunden lieben, um ihnen das Beste zukommen lassen zu können, was du ihnen geben kannst. Dich selbst! Im Vertrieb wird nur derjenige erfolgreich, der anderen hilft, ihre Wünsche und Bedürfnisse zu befriedigen. Verkaufen heißt helfen! Helfen und Fördern! Freude schenken und glücklich machen! Deine Kunden hungern nach Lob und Anerkennung. Spare deshalb nicht an Lob und Anerkennung. Es sollte für dich die selbstverständlichste Sache der Welt sein, deine Mitmenschen als das anzuerkennen, was sie sind. Menschen. Lobe deine Kunden und Mitmenschen und freue dich, dass du mit ihnen zusammen sein darfst. Verkaufen heißt helfen. Das ist das ganze Geheimnis!

Notizen

_____

_____

_____

_____

_____

_____

_____

_____

_____

_____

_____

_____

_____

_____

_____

Wer schreibt, der bleibt!

Erfolgs-ABC
nach Dr. Oskar Pack

Es ist kaum zu glauben, aber wahr: In Deutschland gibt es über zwei Millionen Menschen Menschen, die nicht lesen und schreiben können. Diese Menschen haben in der Grundschule, also in den ersten Schuljahren nicht aufgepasst oder die Schule geschwänzt. Dadurch bekamen sie die Grundlagen des Lesens und Schreibens nicht mit. Das Versäumte konnten sie später auch nie mehr nachholen.

Das Gleiche trifft auf den Vertrieb zu. Auch hier muss man von Anfang an das ABC erfassen, erlernen und vor allem anwenden. Erfolgreiche Verkäufer tun genau das, was im Erfolgs-ABC enthalten ist.

A = Arbeiten, Arbeiten, Arbeiten!
    Arbeite wie ein Pferd, notfalls wie zwei Pferde!
    Arbeite total konzentriert!

B = Begeisterung!
    Sei begeistert. Zeige deine Begeisterung!

C = Chance!
    Erkenne deine Chancen und nutze sie!

D = Durchstarten! Nicht rumtrödeln!
    Nicht schlafen! Voll durchstarten! Gas geben!

E = Empfehlungen!
    Sprich deine Kunden auf Empfehlungen an!

F = Fleiß, Fleiß, Fleiß und nochmals Fleiß!
Große Erfolge sind stets Fleiß- und Ausdauererfolge!

G = Gedanken!
Gott einfach danken!
Sei dankbar, dass du leben darfst!

H = Helfen! Verkaufen heißt helfen!
Helfen heißt verkaufen!
Hilf deinen Kunden und Mitmenschen!

I = Information!
Informiere dich über deine Kunden!

J = Jeden ansprechen!
Scheue dich nicht, jeden auf deine Dienstleistung
anzusprechen! Ansprechen! Ansprechen! Ansprechen!

K = Kunden kontaktieren, beraten und betreuen!
Kontakten! Kontakten! Kontakten!

L = Loben und anerkennen! Loben! Loben! Loben!

M = Mut haben! Mut machen!

N = Neue Kunden werben! Neue Kunden werben!

O = Organisieren!
Organisiere dich, dein Geschäft und deine Zeit!

P = Positiv denken!
Seit stets positiv! Erkenne auch an einer Absage das Positive
und lerne daraus! So wirst du von Tag zu Tag besser!

Q = Querverbindungen nutzen!
Baue dir ein Netzwerk auf!

R = Rhetorisch top werden!
Bilde dich rethorisch weiter!

S = Schaffe, schaffe Häusle baue!
Erschaffe dir deinen Traum!

T = Training!
Trainiere dein Denken und Tun!

U = Unternehmer sein! Nicht Unterlasser!
Unternimm' fortlaufend neue Vertriebsaktivitäten!

V = Verkaufen! Hilf deinen Kunden zu kaufen!

W = Wegstecken und Abschütteln!
Steck das Negative weg! Konzentriere dich auf das Positive!
Steck Rückschläge, Misserfolge und Absagen weg und mach
weiter! Mach immer weiter und weiter!

X = Kein X für ein U vormachen lassen!
Lass dich nicht für dumm verkaufen!

Y = YOU INC.
Du bist dein eigener Chef, Aufsichtsrat und Angestellter
deines eigenen Vertriebsunternehmens! Du bist ein
Unternehmer!

Z = Zeit!
Arbeite konsequent, beharrlich und konzentriert!
Und dann genieße deine Freizeit!

Erst große Belastungen
schaffen Flügel.

Hans Lohberger

Selbst-ständig sein
nach Dr. Oskar Pack

Selbständig-sein bedeutet: *selbst* das tun, was für den Verkaufserfolg notwendig ist, *ständig* das tun, was für den Verkaufserfolg
erforderlich ist!

Auf eine kurze Formel gebracht heißt dies:

selbst lernen und trainieren!
selbst kontaktieren!
selbst neue Kunden werben!

ständig lernen und trainieren!
ständig kontaktieren!
ständig neue Kunden werben!

Viele Verkäufer scheitern nur deshalb, weil sie nicht selbständig
arbeiten. Sie rennen von einem Seminar und Meeting zum
anderen und beschäftigen sich laufend mit Tätigkeiten, die nicht
für den Verkaufserfolg entscheidend sind. Sie tun alles, nur nicht
das, was entscheidend und wesentlich ist. Nämlich:

Trainieren! Trainieren! Trainieren!
Kontaktieren! Kontaktieren! Kontaktieren!
Kunden besuchen1 Kunden besuchen! Kunden besuchen!
Ehrlich beraten! Ehrlich beraten! Ehrlich beraten!
Helfen und Fördern! Helfen und Fördern! Helfen und Fördern!

Erfolgreiche Verkäufer tun das Wesentliche. Und zwar *selbst* und
ständig. Tue täglich das Wesentliche! Tag für Tag, Woche für
Woche, Monat für Monat.

Hier noch einige Leitsätze, die du dir in deinem Büro aufhängen solltest:

- Positives Denken bringt positive Resultate!
- Negatives Denken bringt negative Resultate!
- Sag JA und du kannst es!
- Kontaktieren ist das A und O im Verkauf!
- Aus Kontakten entstehen Kontrakte!
- Erfolg ist das, was folgt, wenn du richtig denkst und handelst!
- Ausdauer, Ausdauer und nochmals Ausdauer!
- Weitermachen! Weitermachen! Weitermachen!
- Plane deine Arbeit und arbeite nach Plan!
- Liebe die Menschen!
- Verkaufen heißt helfen!
- Zeige und zeichne! Dein Umsatz steigt, je mehr du zeigst und zeichnest!
- Kunden-NEIN aufweichen! Ein NEIN ist nicht immer ein NEIN!
- Frag nach Empfehlungen!
- NACHFASSEN! AM BALL BLEIBEN!
  HHH = Höfliche Hartnäckigkeit hilft!
- Lerne und trainiere! Üben, üben, üben!
- Du schaffst es!
- Sei froh und heiter, der Erfolg ist dein Begleiter!

Sei Verkäufer und nicht nur Berater

Glaube an dich, an dein Unternehmen und an dein Produkt! Vertraue deinen Fähigkeiten und Talenten. Du bist ein einzigartiger Mensch. Keiner ist so wie du. Also sei auch einzigartig und zeige deinen Kunden, dass du einmalig bist.

Begrüße die Probleme deiner Kunden, denn in jedem Problem steckt eine Chance. Löse die Probleme deiner Kunden. Je größer die Probleme sind, die du lösen kannst, desto größer sind deine Erfolge. Gib immer und überall dein Bestes. Nicht nur 100 %, sondern mehr! Wie viel mehr? Viel mehr! Was immer du tust, tue es richtig oder gar nicht. Gib immer alles! Sprühe vor Begeisterung und schließe jeden Kunden in dein Herz. Sei stolz darauf, deinem Kunden helfen zu dürfen. Sei stolz darauf, Verkäufer zu sein! Hilf deinem Kunden, zu kaufen!

Der Finanzvertrieb bietet dir die wunderbare Möglichkeit, eine einzigartige und steile Karriere zu nehmen. Du brauchst lediglich tagtäglich zwei Verkaufsgespräche durchzuführen. Wenn du täglich zwei Verkaufsgespräche führst und immer dein Bestes gibst, dann ist dein Aufstieg unvermeidlich.

Doch es ist gar nicht immer so leicht, die Disziplin aufzubringen, tagtäglich zwei Verkaufsgespräche durchzuführen. Zwei Verkaufsgespräche täglich scheinen nicht viel zu sein. Es gibt jedoch Termine, die ausfallen oder eine Beratung/ Betreuung stattfindet, aber kein Verkaufsgespräch. Zwei Verkaufsgespräche täglich ergeben 10 Verkaufsgespräche wöchentlich. Wenn du die Disziplin aufbringst und ausgefallene Termine nachholst und somit tagtäglich zwei Verkaufsgespräche führst, wirst du immer zu den 20 % der Besten unserer Branche gehören.

Um zwei Verkaufsgespräche täglich durchzuführen, musst du 15 Termine wöchentlich vereinbaren. Um diese 15 Termine fest zu vereinbaren, musst du in der Regel 30 und mehr Kunden und Interessenten kontaktieren.

Täglich zwei Verkaufsgespräche! Alles Geniale ist einfach!

Führ' täglich zwei Verkaufsgespräche und ich garantiere dir Erfolg, Freude und ein phantastisches Einkommen.

Täglich zwei Verkaufsgespräche und deine Zukunft ist gesichert! Täglich drei Termine. Egal wie viele Leute dich abwimmeln!

Widerstand, Abwehr, Skepsis, Zweifel und Zurückhaltung ist normal. Rechne damit. Nimm es jedoch nicht persönlich. Sei überzeugt von dir, deinem Unternehmen und deinem Produkt. So wird dir Widerstand und Zweifel nichts anhaben. Mach tagtäglich drei Termine und führe zwei Verkaufsgespräche. Das ist dein Fundament für eine goldene Zukunft.

Einarbeitung – Coaching
nach Bodo Schäfer, Europa's Money-Coach Nr. 1

Als Verkäufer bist du keinen festen und geregelten Arbeitszeiten unterworfen. Du kannst deine Arbeit zu jeder Tages- und Nachtzeit ausüben. Doch Vorsicht: hier liegt schon der erste Stolperstein. Viele Verkäufer kommen wie du aus einem festen Angestelltenverhältnis mit geregelten Arbeitszeiten. Nun im Vertrieb bist du plötzlich völlig frei in deiner Zeiteinteilung und so mancher Neuling nützt dies weidlich aus. Doch nur wenn du säst, kannst du ernten. Also sei selbst-ständig tätig. Warte nicht darauf, bis Jochen (Agenturinhaber) oder Andre (Direktionsbeauftragter) oder einer der anderen Fach-Dba's auf dich zukommt. Ergreife die Initiative und handle.

Eine umfassende und erfolgreiche Einarbeitung ist nur durch permanentes Coaching durch Führung als Vorbild möglich. Diese Einarbeitung ist im Grunde genommen ganz einfach – und für viele gestandene Verkäufer doch so schwer. Zum Problem wird dieses Führen durch Vorbild für all' diejenigen, die nicht bereit sind, die verkäuferische Basisarbeit zu tun. Dabei ist es doch so einfach. Sollst du mehr verkaufen, so müssen einfach deine Dba's (Direktionsbeauftragte für alle Sparten) selbst mehr verkaufen. Sie müssen dir zeigen, wie es geht. Damit sind wir beim Kernpunkt der Coachingbetreuung. VORMACHEN statt REDEN!

Wie will dich denn ein Coach einarbeiten, wenn er selbst schon lange nichts mehr verkauft hat? Sei dir gewiß, unsere Dba's sind tagtäglich im Verkaufsgespräch und können dir alles beibringen, was dich weiterbringt. Doch du musst auf sie zugehen und ihre Zeit einfordern. Du kannst das Verkaufen nur richtig lernen, wenn du es immer und immer wieder gezeigt bekommst. Du brauchst Verkaufsgespräche. Täglich! Du musst deine Gesprächs- und Abschlussquote kennenlernen, um Sicherheit zu erlangen.

Nur wenn du Verkaufsgespräche führst, kannst du verkaufen. Und nur wenn du viele Verkaufsgespräche führst, kannst du viel verkaufen. Lass dich also niemals von deinem Dba davon abhalten, Verkaufsgespräche zu führen. Lass dich nicht von klugen Reden ablenken. Fordere deinen Dba auf, dich zum Kunden zu begleiten und dir hin und wieder Verkaufsgespräche vorzumachen. Deine Dba's sind alles Spezialisten in ihren Sparten. Nutze deren Wissen und mache sie zu deinen Verbündeten.

Deine Wachstum gibt es nicht umsonst. Als Anfänger machst du Fehler und diese Fehler sind gut, um zu lernen. Woher aber willst du wissen, welche Fehler du machst, wenn es dir keiner sagt? Coaching bedeutet: Nähe. Ganz nah bei dir zu sein. Im Verkaufsgespräch beim Kunden. Fordere deine Dba's auf, mit dir zum Kunden zu gehen. So kannst du unser Geschäft von Anfang an richtig und von der Pike auf lernen.

Hierbei kann ich dir nur empfehlen: Fragen! Fragen! Fragen! Mach dich schlau! Wenn dich irgendetwas stutzig macht, notiere es! Wenn dich etwas stört oder du etwas nicht verstehst, notiere es! Und dann frage bei nächster Gelegenheit nach. Wenn dir eine gute Formulierung auffällt, dann notiere sie. Sauge das Fach- und Verkäuferwissen auf wie ein trockener Schwamm. Sei neugierig und frage, frage, frage!

Start und Beginn

Als erstes gilt es, Kundenadressen herauszusuchen, die du aufsuchen kannst. Diese Kundenselektionen wird dir Jochen zur Verfügung stellen.

Nun beginnt die Vertriebsarbeit! Das Kontaktieren! Du rufst deine selektierten Kunden an und vereinbarst einen Gesprächstermin. Deine Verkaufstrainer sollen selbst 2-3 Telefongespräche vereinbaren, damit du es vorbildlich lernst. Und dann telefonierst du so lange, bis du selbst 3-4 Termine vereinbart hast. **Täglich!**

Nun ist das Schwierigste geschafft. Was jetzt kommt ist in den meisten Fällen kein Problem mehr. Jetzt wirst du die ersten Verkaufsgespräche gemeinsam mit deinem Coach führen. Du wirst vom ersten Gespräch an einen Teil des Gespräches führen. Vereinbare mit deinem Coach, welcher Teil dies sein soll und stimme dich mit ihm ab.

So wirst du von Beginn an lernen, wie du auf Kundeneinwände richtig reagierst und welche Formulierungen du besser nicht in den Mund nimmst. Sei schlau und schau! Beobachte deinen Coach und deine Kunden. So lernst du am schnellsten, dass Verkaufen immer etwas mit Gefühlen zu tun hat. Begeisterung erzeugt Begeisterung. Was aus deinem Herzen kommt, öffnet auch das Herz deines Kunden. Der Verstand denkt, aber das Herz lenkt! 90 bis 95 % aller Kaufentscheidungen werden vom Gefühl getroffen und später über den Verstand begründet. Der Kunde sucht sich nach der gefühlsmäßig getroffenen Entscheidung seine Argumente zur logischen Kaufbegründung selbst zusammen. Deshalb: *Gefühl schlägt Verstand!* Dein Kunde will geachtet, respektiert, hofiert und gelobt werden. Deshalb sprich immer zuerst den Menschen an und dann erst das Produkt.

Der Wurm muss dem Fisch schmecken und nicht dem Angler. Der Kunde will keine langen Vorträge hören, sondern klipp und klar seine Vorteile und seinen Nutzen erkennen. Deshalb:

Was hat dein Kunde davon, wenn er bei dir kauft?
Warum ist er bei dir besser bedient, als bei der Konkurrenz?
Was sind deine Vorteile?

Denke stets an unseren Urlaub in Kroatien, wenn wir beim Angeln waren: Du kannst einen Fisch nur dann fangen, wenn er das Maul aufmacht, wenn du also einen geeigneten Köder hast. So benötigst du geeignete Fragen, um bei deinem Kunden Interesse zu wecken. Du brauchst einen geeigneten Köder. Denke in Ruhe darüber nach, wie du den Kunden ansprechen wirst.

Nun sind wir bereits mitten im Verkaufsgespräch und es würde den Rahmen dieses kleinen Ratgebers sprengen, wenn wir nun die ganze Bandbreite aller Gesprächsmöglichkeiten erörtern würden. Hierzu gibt es unzählige Verkaufsliteratur und ich möchte dir empfehlen, dir einige meiner Verkaufsbücher auf deinen Nacht-tisch zu legen.

Ich möchte dir jedoch ein Seminar ans Herz legen, von dem ich in meiner über 30-jährigen Vertriebspraxis ganz besonders profitiert habe. Es handelt sich um die haptische Verkaufshilfe häppi, welche ganz individuell auf die Versicherungs- und Finanzbranche zugeschnitten ist. Du selbst kennst häppi bereits aus einem Verkaufsgespräch, welches du bei deinem Lehrbeginn mit mir führtest. Über häppi erläuterte ich dir spielerisch die Notwendigkeit einer Unfall-, Lebens- und Berufsunfähigkeits-versicherung und du hast diese gekauft. Kannst du dich erinnern?

Du solltest dieses Seminar der Haptischen Verkaufshilfen GmbH auf jeden Fall einmal besuchen.

www.haptische-verkaufshilfen.de

Im Vertrieb musst du viele Frösche küssen, um gute Kunden und Geschäftsfreunde zu finden. Kontaktiere deshalb pausenlos Interessenten. Lass nicht locker und gib nicht auf, bevor du den Interessenten nicht mindestens sieben Mal kontaktiert hast. Egal wie oft er ablehnt, wie oft er auch nein sagt, bleib dran! Mindestens sieben Mal. Ich selbst bin heute nur deshalb im Finanzvertrieb, weil meine damalige Chefin, Frau Witzemann auch bei mir nicht locker ließ. Ich wollte eigentlich gar keinen Termin, aber Frau Witzemann rief immer und immer wieder an, bis sie endlich ein Termin bei mir hatte. Ihr damaliger Lohn, sie schloss sieben Verträge am ersten Abend bei mir ab. Ich war von ihrem Verkaufsgespräch so begeistert, dass ich diese Tätigkeit auch durchführen wollte. Und seit dieser Zeit bin nun auch ich erfolgreich im Finanzvertrieb tätig.

Frau Witzemann ließ nicht locker. Lass auch du nicht locker! Bleib dran!

Die Menschen sind wie Spiegel!
Erhöhe die Selbstachtung eines Menschen -
und du schaffst dir einen Freund!
Vermindere die Selbstachtung eines Menschen -
und du schaffst dir einen Feind!

Dr. Oskar Pack

die Extra-Meile

Gehe die Extra-Meile. Das ist Service! Überrasche deinen Kunden mit einer Extra-Anstrengung. Scheu dich nicht, die Extra-Meile zu gehen!

- Führe einen zusätzlichen Extra-Anruf durch!
- Übersende dem Kunden Extra-Unterlagen!
- Mach einen Extra-Besuch!
- Mach eine Extra-Betreuung!
- Biete einen Extra-Service!
- Mach eine Extra-Nachfassaktion!
- Mach eine Extra-Anstrengung!
- Übersende einen Extra-Brief!
- Biete deinem Kunden einen Extra-Anreiz!
- Gib dir Extra-Mühe!
- Biete allen Menschen deinen Extra-Einsatz!
- Sei Extra-Freundlich!
- Biete allen Menschen ein bisschen Mehr!
- Gehe die Extra-Meile!
- Arbeite eine Extra-Stunde länger!
- Sei Extra-Exklusiv!
- Bleib Extra-dran!

Das wirkliche Geheimnis des Lebens heißt:
vollkommen bei der Sache zu sein,
die man hier und jetzt tut.
Und statt es Arbeit zu nennen,
erkennen wir, dass es ein Spiel ist.

Täglich verschleißen sich Millionen
von Menschen bei ihrer Arbeit.
Diese wundervolle Arbeit,
die vom Vergnügen vollkommen getrennt ist.
Und darin besteht eine der großen
Unsinnigkeiten unserer Zivilisation.

Jeder vernünftige Mensch sollte
fürs Vergnügen bezahlt werden.
Falls du nicht dafür bezahlt wirst,
stimmt irgendetwas nicht mit dir.

Du hast die Kunst des Lebens
nicht erlernt.

Alan Watts

Nachwort

Nun, mein Sohn, meine Vertriebs-Erfahrung liegt nun wie ein Menüvorschlag vor dir und es liegt an dir, welche Empfehlungen du für deinen Start übernimmst.

Leg einfach los! Mit viel Schwung, Freude und Elan! Deine ersten Kundengespräche hast du ja bereits mit einer Kundenunterschrift gekrönt. Gratuliere!

Und nun bleib dran!

Wann immer du mich brauchst, ich bin für dich da!

Dein Dad

Notizen

_____

_____

_____

_____

_____

_____

_____

_____

_____

_____

_____

_____

_____

_____

Wer schreibt, der bleibt!

Notizen

_____

_____

_____

_____

_____

_____

_____

_____

_____

_____

_____

_____

_____

_____

_____

_____

_____

Wer schreibt, der bleibt!

Notizen

Wer schreibt, der bleibt!